Ignaz Brüll

Das goldene Kreuz

Oper in 2 Akten

Ignaz Brüll

Das goldene Kreuz
Oper in 2 Akten

ISBN/EAN: 9783743699489

Hergestellt in Europa, USA, Kanada, Australien, Japan

Cover: Foto ©Thomas Meinert / pixelio.de

Weitere Bücher finden Sie auf **www.hansebooks.com**

DAS GOLDENE KREUZ

OPER IN 2 ACTEN
MUSIK VON
IGNAZ BRÜLL

	Pr. Mk.
Vollständiger Auszug für Pianoforte und Gesang	10 netto
Derselbe für Pianoforte allein	5 netto
Ouverture für Pianoforte zu zwei Händen	1,50
Dieselbe für Pianoforte zu vier Händen	3,00
Potpourri N° 1. für Pianoforte zu zwei Händen	3,00
Potpourri N° 2. für Pianoforte zu zwei Händen	3,00
Potpourri N° 1. für Pianoforte zu vier Händen	4,50
Potpourri N° 2. für Pianoforte zu vier Händen	4,50
Marsch und Walzer f. Pianoforte zu vier Händen	2,50
Potpourri für Pianoforte und Violine	3,80
Potpourri für Pianoforte und Flöte	3,80
Melodien für Violine allein	
Melodien für Flöte allein	

EINZELNE GESANGSNUMMERN MIT PIANOFORTEBEGLEITUNG.

N°		Pr. Mk.
1.	Romanze. (Sopran) Die Eltern starben frühe	0,80
2.	Duett. (Tenor und Bariton) Halt! Front! Gewehr bei Fuss!	1,80
3.	Lied. (Tenor) Was ist Leben ohne Liebe	0,80
4.	Ensemble. Courage Kind! Such' dich zu fassen	2,50
5.	Lied. (Bariton) Bom trara, in Reih und Glied gestanden	1,00
6.	Ensemble. O seht die kummervolle Miene	3,00
7.	Finale. Ist's möglich / O O Hummel!	3,40
7ᵃ	Marsch und Walzer hieraus für Pianoforte allein	2,00
8.	Entr'Act für Pianoforte allein	0,80
9.	Duett. (Tenor und Bariton) Schau schau mein Männchen	1,00
9ᵃ	Arie der Therese (Einlage) Männer, die muss man sich dressiren	1,00
10.	Romanze. (Tenor) Nein nein, ich will ihr Herz nicht zwingen	0,80
11.	Quartett. Da ist sie! Zu Tische!	2,30
12.	Duett. (Sopran und Tenor) Darf ich's glauben, wenn ich schwöre	1,80
13.	Lied. (Bariton) Wie anders war es, als vor wenig Jahren	1,00
14.	Finale. Es ist das Kreuz das Pfand das ich gegeben	3,00

BERLIN & POSEN
Leipzigerstr. 37   Wilhelmsstr. 22

ED. BOTE & G. BOCK.
Hof-Musikalienhändler

Leipzig, E.E. Steinacker.

OUVERTURE
zur Oper:
DAS GOLDENE KREUZ
von IGNAZ BRÜLL.

Secondo.

Arr. von F. Brissler.

OUVERTURE
zur Oper:
DAS GOLDENE KREUZ
von IGNAZ BRÜLL.

Primo.

Arr. von F. Brissler.

Primo.

Primo.

Secondo.

Primo.

Secondo.

Primo.

Primo.

Secondo.

Primo.

Secondo.

Primo.

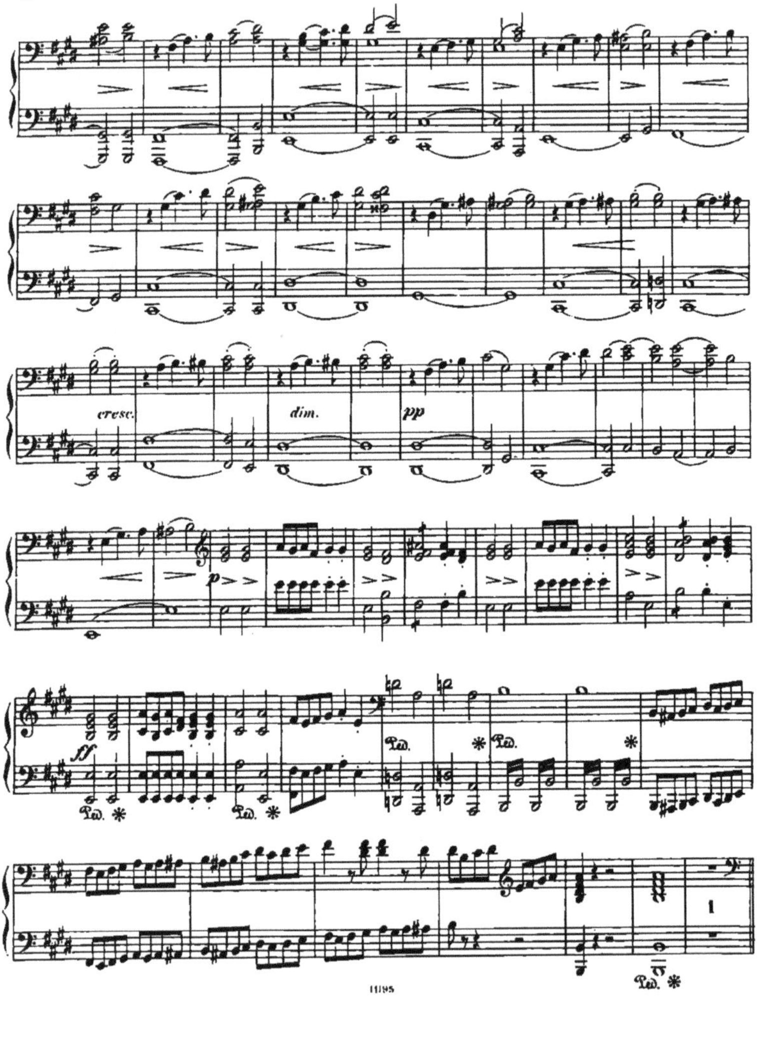
cresc.
dim.
pp
p
ff
Ped.
Ped.
Ped.
Ped.
Ped.
1

Secondo.

DER LANDFRIEDE

OPER IN 3 AKTEN.
MUSIK VON
IGNAZ BRÜLL.

Vollständiger Auszug für Gesang und Pianoforte Pr 10 Mk netto
Ouverture für Pianoforte zu zwei Händen . M. 1.50.
Dieselbe für Pianoforte zu vier Händen . 2.50

EINZELNE GESANGSNUMMERN MIT PIANOFORTEBEGLEITUNG.

N° 1.	Duett. *(2 Sopr.)* Käthe ' Schau, da ist er	Pr. M 1.90
„ 2.	Gesang des Menzinger. *Baß.* Sie ist vorbei die Zeit	0.80
„ 3.	Lied. *(Sopran mit Chor ad lib.)* Kommt denn Jungfrauen	0.50
„ 4.	Duett-Scene. *(Ten u Baß)* Ha ' Berstet ihr	1.80
„ 5.	Terzett. *(2 Ten u Baß)* Ha' Schmählich stoßt sie mich	2.00
„ 6.	Gesang Maximilians. *(Bariton)* Den Rechte Schutz	0.80
„ 7.	Scene u. Terzett. *(Sopr Ten Baß)* Jungferlein wir sind zur Stelle	1.80
„ 8.	Trinklied. *(Baß mit Chor ad lib.)* Wer Wein verachtt	1.00
„ 9.	Recitativ u. Arie. *(Sopr)* Welch wüster Lärm	1.00
„ 10.	Duett. *(Sopr u Ten)* Katharina	2.00
„ 11.	Lied. *(Tenor)* Augsburgs Röslein	
„ 12.	Duett. *(2 Sopr)* Käthe wiederum in Thr...	
„ 13.	Mädchenchor...	

... Treuerdank ... 1.00
1.90
0.50

Potpourri N° 1 für Pianoforte zu 2 Händen Pr. M 2.50
„ 2 „ 2.50
N° 1 für Pianoforte zu 4 Händen
„ 2
für Pianoforte und Violine
für Pianoforte und Flöte
Lange, Gustav. Fantasie für Pianoforte. Op. 255. 2.50

Eigenthum der Verleger für alle Länder.

BERLIN & POSEN.
Leipziger Str. 37 | Wilhelm-Str. 21
Unter den Linden 27 | Mylius Hotel

Breslau,
Lichtenberg **ED. BOTE & G. BOCK,** Stettin,
Simon.
Hof-Musikhandlung
U.M.H. des Königs u der Königin u. S.K.H. des Prinzen Albrecht v Preussen.
Leipzig. Leede. Moskau. P. J. Jürgenson

Primo.

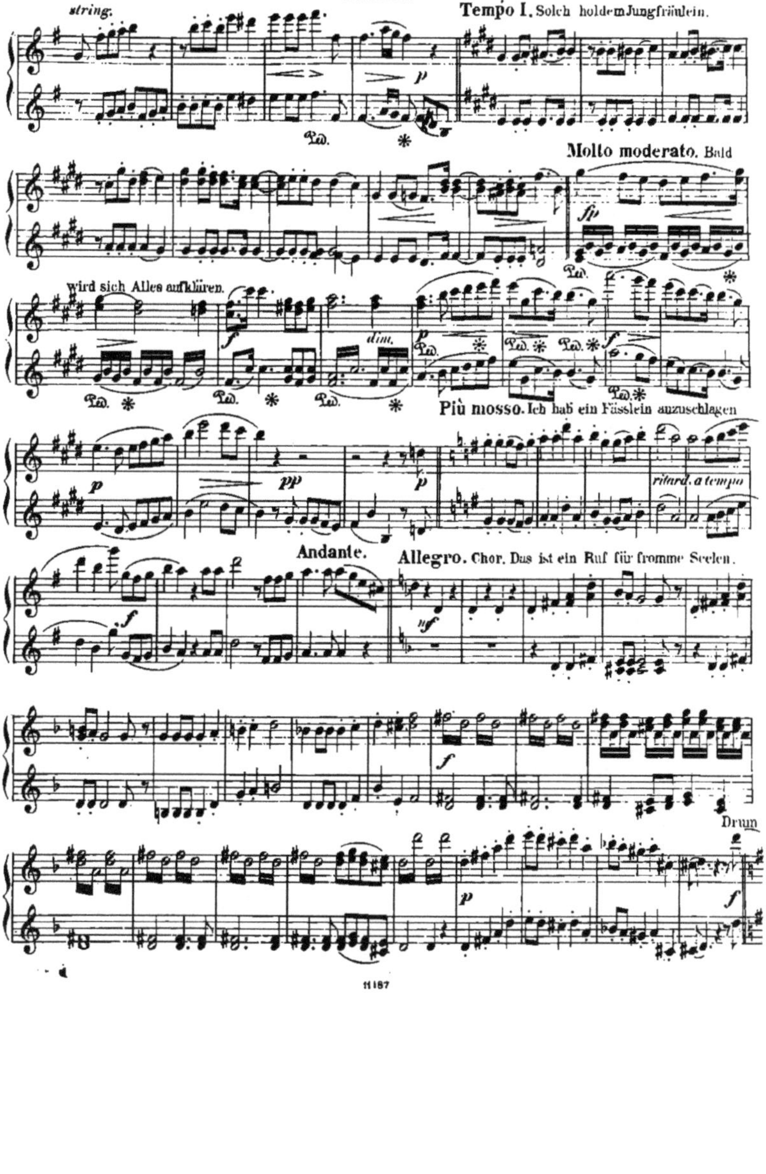
string.
Tempo I. Solch holdem Jungfräulein.
Ped.
p
Molto moderato. Bald
fp
wird sich Alles aufklären.
f
dim.
Più mosso. Ich hab ein Fässlein anzuschlagen
pp
ritard. a tempo
Andante.
Allegro. Chor. Das ist ein Ruf für fromme Seelen.
mf
Drum

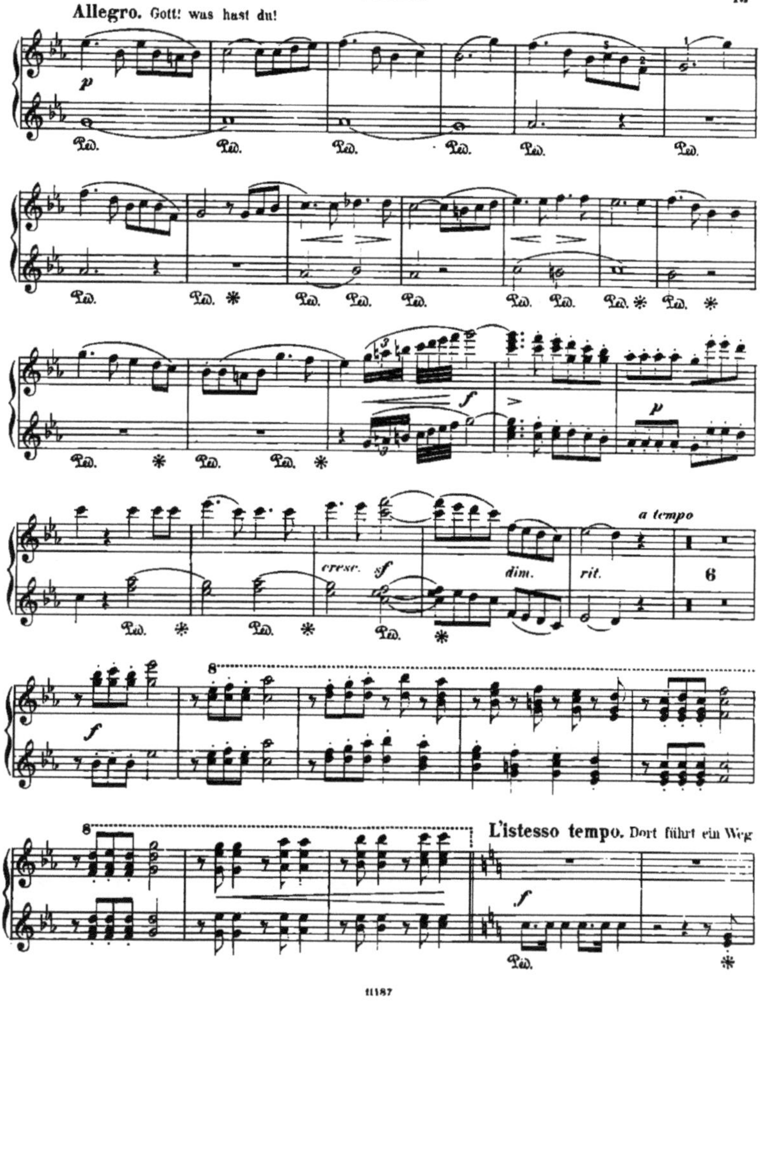
Allegro. Gott! was hast du!
cresc.
dim.
rit.
a tempo
L'istesso tempo. Dort führt ein Weg

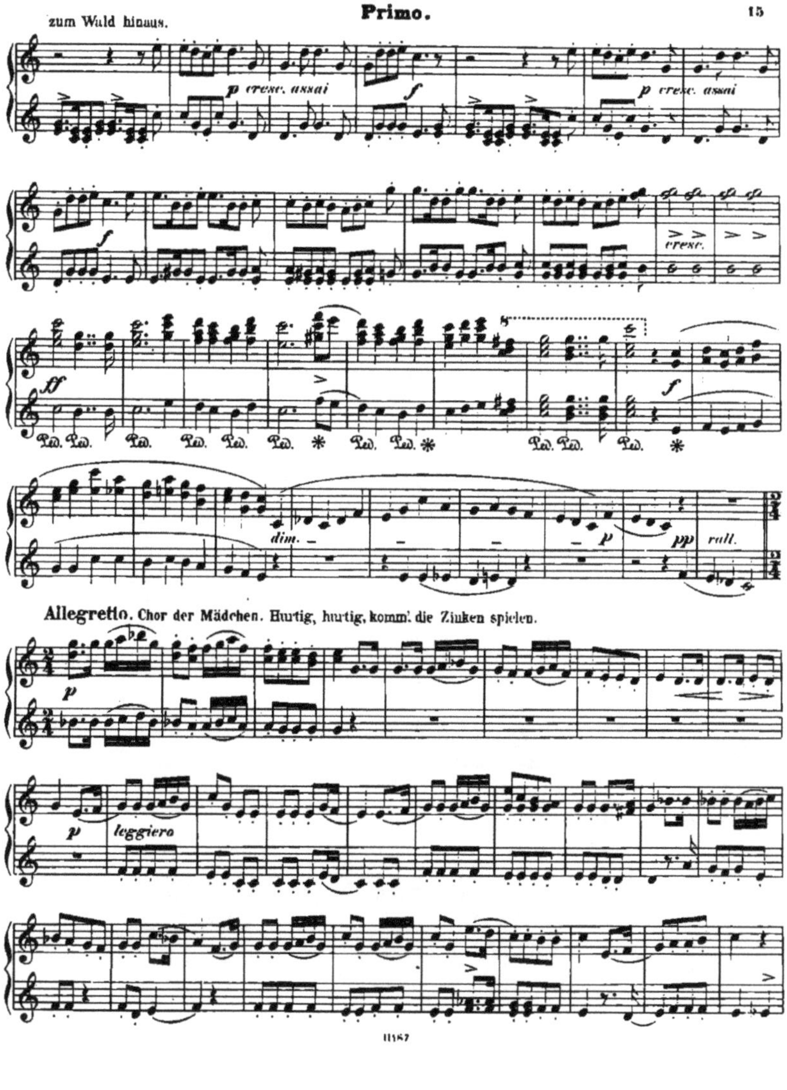

zum Wald hinaus. **Primo.**

Allegretto. Chor der Mädchen. Hurtig, hurtig, komm! die Zinken spielen.

Secondo.

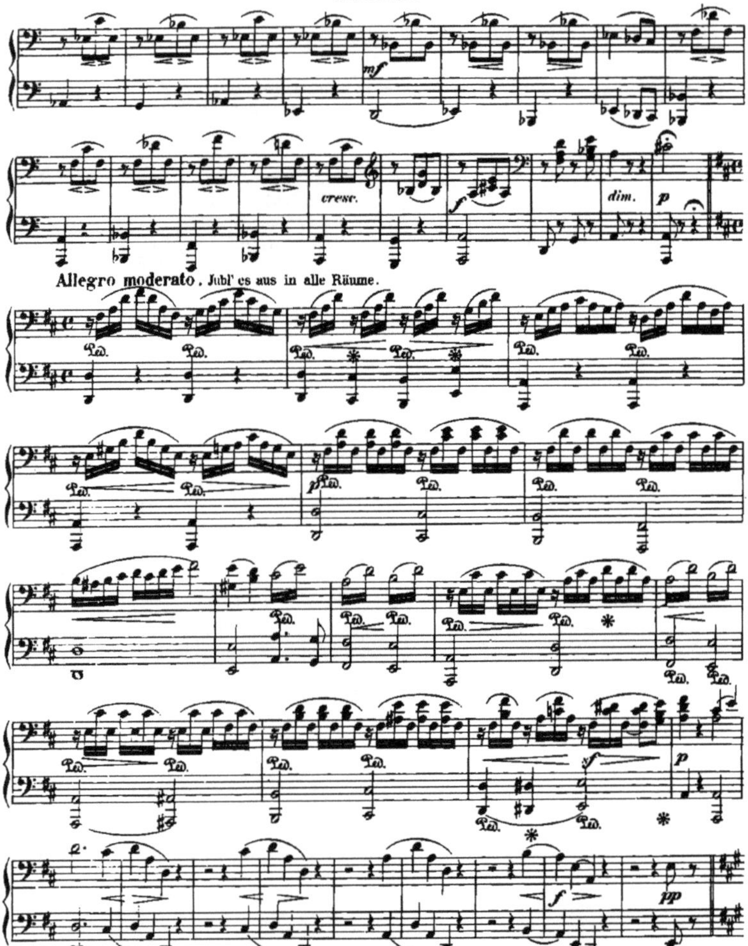

cresc.
dim.
Allegro moderato. Jubl' es aus in alle Räume.

Primo.
L'istesso tempo. Theuerdank, voll Muth und Kraft.

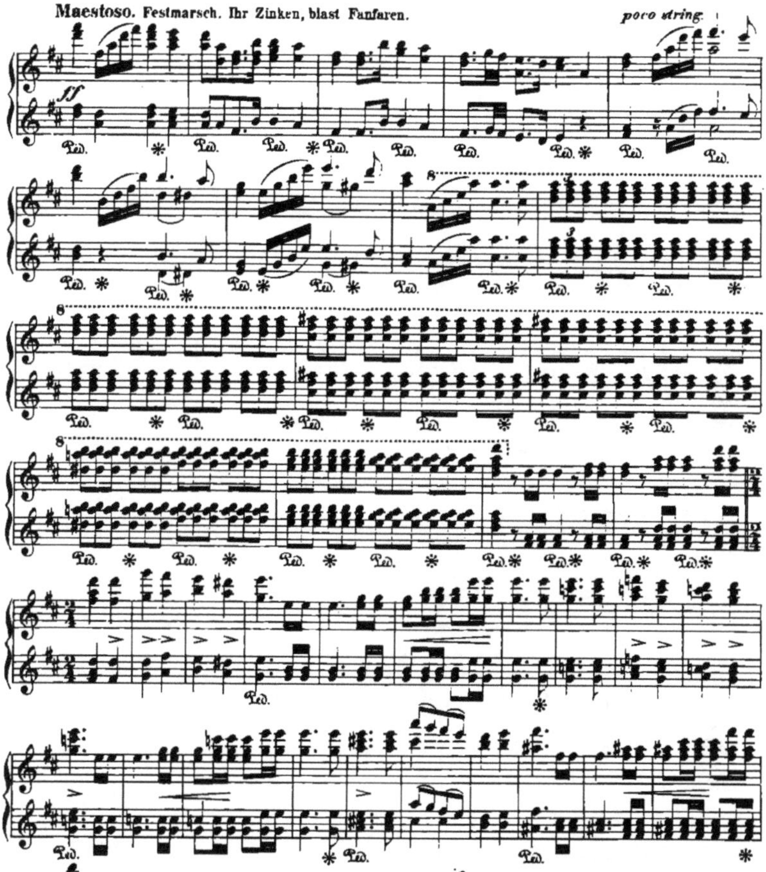
Maestoso. Festmarsch. Ihr Zinken, blast Fanfaren.
poco string.
ff
sf
dim.
Ped.
8

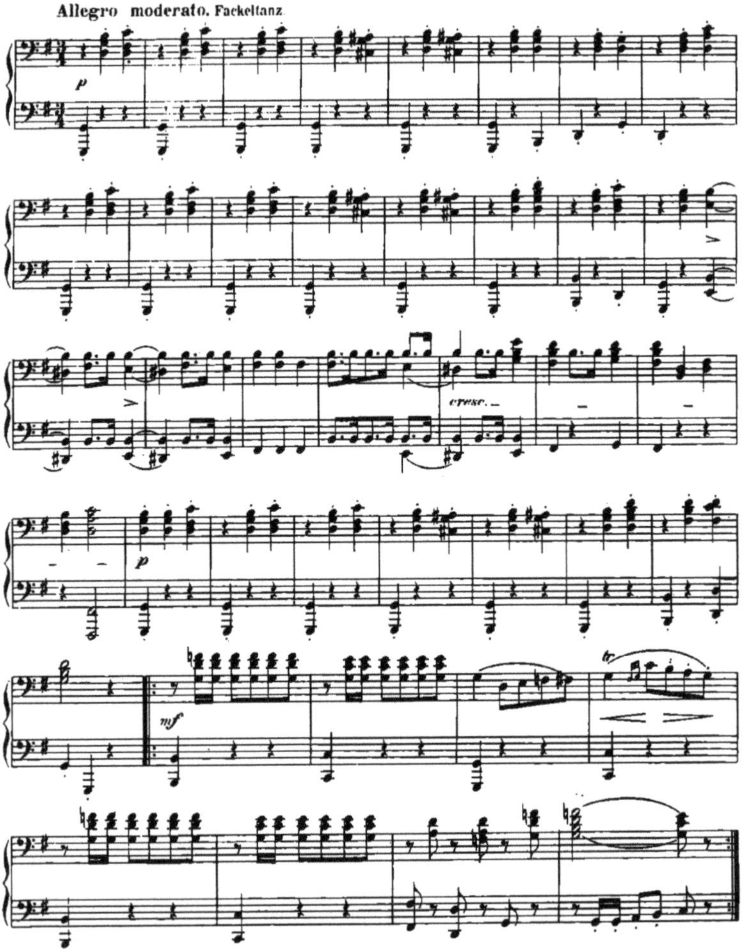

Secondo.

Allegro moderato. Fackeltanz

Primo.

Allegro moderato. Fackeltanz.

Secondo.

GRINGOIRE

nach Banville's gleichnamigem Schauspiel in einem Act

MUSIK von

JGNAZ BRÜLL.

Op. 66.

von Victor Léon

Für Piano und diverse Instrumente.	Für Gesang.

Vollständiger Clavierauszug (zweihändig) . . netto Mk. 4.50
Potpourri zu zwei Händen . . . . 3.—
  dto.   zu vier Händen . . . . 4.—
Ouverture zu zwei Händen . . . . 1.—
  dto.   zu vier Händen 1.50
  dto.   für Streich-Orchester . . Partitur netto . 3.—
  dto.   .   .   .   . Stimmen . . 6.—
Potpourri für Violine mit Clavierbegleitung . . . . „ 4.50

Vollständiger Clavierauszug mit Text . . . netto Mk. 6.50
Einzeln:
Nr. 1 (Gringoire). „Der reiche Mann hat Gut und Gold" . 1.20
 „ 2 (Loyse). „Ich hab' schon oft darüber nachgedacht" . 1.—
 „ 3 (König). „Gern' denk' ich verflossener Tage" . . 1.—
 „ 4 (Gringoire). „Ich kenn' einen seltsamen Garten" . 1.20
 „ 5 (Gringoire). „Die Sonn' versank" 1.20

Eigenthum des Verlegers.
Eingetragen in das Vereins-Archiv. Alle Arrangements vorbehalten.
JOSEF WEINBERGER IN LEIPZIG.
Für Oesterreich und Ungarn bei Josef Weinberger
in Wien, Kohlmarkt Nr. 8.

OUVERTURE
zur Oper:
„GRINGOIRE."

Zweiter Spieler.

Ignaz Brüll. Op. 66.

OUVERTURE
zur Oper:
„GRINGOIRE."

Erster Spieler.

Ignaz Brüll. Op. 66.

Zweiter Spieler.

Erster Spieler.

Zweiter Spieler.

Erster Spieler.

Nr. 1948.

Schach dem König.

Komische Oper in 3 Akten.

Dichtung von Victor Léon.

Musik von

Jgnaz Brüll.

Clavier Auszug mit Text	no. M. 6.—	
do. in elegantem Einband	no. „ 7.50	
Clavier-Auszug ohne Text	no. „ 4.50	
do. in elegantem Einband	no. „ 6.—	
Textbuch	no. „ —.50	

Einzelne Gesangs-Nummern
mit deutsch-englischem Text.

Hab wirklich nicht daran gedacht. (Bariton. Calvert) M. 1.—
Mein Pfeifchen du mein Pfeifchen. (Bariton. Calvert) „ 1.—
Der Tom griff einst zum Wanderstab. (Mezzo-Sopran. Harriet) „ 1.—
Hier ist der Palast. (Mezzo-Sopran. Harriet) „ 1.—
Ist die Katze aus dem Haus. (Bariton. Narr) „ 1.—
Als Adam aus dem Paradies. (Mezzo-Sopran. Harriet) „ 1.—

Gesangs-Duette.

„Mylady!" Ja? Ich suche meinen Fächer (Duett für Tenor u. Sopran. Rich u. Isabella) M. 2.—
Nun, Harriet? Du schweigst? (Duett für Bariton u. Mezzo-Sopran. Calvert u. Harriet) „ 2.50

Clavier 2händig.

Ouverture . . . . . . M. 1.20
Vorspiel zum 2. Akt . . . „ —.60
Potpourri No. I. II . . . à „ 2.50

Clavier 4händig.

Ouverture . . . . . . M. 2.—
Vorspiel zum 2. Akt . . . „ 1.—
Potpourri . . . . . . „ 4.—

Violine.

Ouverture, für Violine u. Clavier . M. 1.50
do. für Violine allein . . „ .80
Vorspiel zum 2. Akt, für Violine u. Clavier „ 1.—
do. für Violine allein . . „ .50
Potpourri, für Violine u. Clavier . „ 3.—
do. für Violine allein . . „ 1.20

Flöte.

Ouverture, für Flöte u. Clavier . M. 1.50
do. für Flöte allein . . „ .80
Vorspiel zum 2. Akt, für Flöte u. Clavier „ 1.—
do. für Flöte allein . . „ .50
Potpourri, für Flöte u. Clavier . „ 3.—
do. für Flöte allein . . „ 1.20

Orchester.

Ganze Partitur. Orchesterstimmen. Chorstimmen.
Ouverture . . . Part. M. 3.— Stimmen M. 5.—
Vorspiel zum 2. Akt . „ 2.— „ 3.—
Grosse Fantasie arrang. v. Carl Müller-Berghaus „ —.—

Militär-Musik.

Ouverture . . . Part. M. 3.— Stimmen M. 5.—
Potpourri . . . „ 3.— „ 4.—

Verlag von JUL. HEINR. ZIMMERMANN
Leipzig. St. Petersburg. Moskau.
Copyright 1893 by Jul. Heinr. Zimmermann, Leipzig.

„Schach dem König!"
Ouverture.

Secondo. Ignaz Brüll.

„Schach dem König!"
Ouverture.

Primo.

Ignaz Brüll.

Secondo.

Secondo.

Secondo.

Primo.

Secondo.

Primo.

Neue Klaviermusik.

Klavier 2 händig.

Bach, J. S., Fugen aus dem Wohltemperirten Klavier durch Zerlegen analytisch dargestellt, mit beigefügter harmonischer Structur, zum Gebrauch im Musikschulen und zum Selbststudium herausgegeben und erklärt von Bernh. Kothe.
Vol. I, No. 1 C-dur, No. 3, D-moll, No. 4. C-moll, No. 7 Es-dur, No. 10, E-moll. No. 21, B-dur, No. 22, B-moll. No. 23, No. 2 C-dur . . Preis jeder Fuge 1.50

Bensch, Albert, Op. 30, **Concert-Etude** . . . 1.50
— Op. 71, **Gavotte** . . . . 1.—
— Op. 7, **Mazurka** . . . . 1.—
— Op. 7, **Polka miniature** 1.20
— Op. 21, **Mazurka** 1.20
— Op. 75, **Wiegenlied** . . . . 1.—

Brüll, Ignaz, Ouverture a. d. Oper "Gringoire" 1.30
— Vorspiel zum 2. Akt 80
— Potpourri a. d. Op. „Schach dem König" I. u. II. à 2.50

Brunner, A., Leichte Klavieralbum. Sammlung beliebter Volkslieder, Opern, Tänze, Märsche etc. 1.—

Decker-Schenk, J., Orientalischer Album. 78 kaukas., armenische, persische u. türkische Melodien 1.50

Eilenberg, Rich., Op. 119, Ballett Salonstücke.
No. 1. Im Galopp durch Feld und Wald . . 1.20
„ 2. Ein Nachtigall und die Frösche . . 1.20
„ 3. Im Waldkonzert 1.20
„ 4. Mustinovade Zigeuner 1.20
„ 5. Mückentanz 1.20
„ 6. Schmiedelied 1.20
„ 7. Ein Tänzchen auf grünen Wiese . . 1.50

Ellenberg-Album. Vorspielende 7 böhmische und beliebte Musikstücke in 1 Heft . . 3.—
— do. in elegantem Einband . . . . 4.—

Fliege, Hermann, Op. 291, **Die Spieluhr**, Drehorgel-Gavotte 75

Friedrich, Ferd., Der kleine Rubinstein. 70 leichte Klavierstücke für junge Anfänger . . 2.—
— Dasselbe in Prachtband . . . . 3.—

Heyll, H. F., Op. 43, Heide Mädchenträume. Klavier mit Text ad lib. 1.20
— Erleichterte Ausgabe ohne Text 80
— Op. 39, **2 Süsswein Morgenquas** . . . 1.—
— Op. 40, **2 Bräutschen gefällig?** Bluette 1.—
— Op. 40, **Pompadour-Gavotte** 1.20

Kühler, Ernesto, Op. 31, Marionetten-Tanz .75

Laub, T., Op. 18, Die goldene Kinderwelt. 10 leichter Charakterstücke . . Heft I u. II à 1.—

Liszt, Der kleine, Bd. I. 77 Unterhaltungsstücke für Anfänger von J. Nagel . . . 2.—
— Dasselbe in Prachtband . . . . 3.—

Liszt, Der kleine, Bd. II. 63 Unterhaltungsstücke für die Fortgeschrittenen von J. Nagel . 2.—
— Dasselbe in Prachtband . . . . 3.—

Lwoff, A., Russische Nationalhymne 50

Müller-Berghaus, Karl, Op. 32, Die Wiener Wachtparade . . . . 1.—
— Op. 35. **Barcarole** (Wiegenlied) . . . . 1.—
— Op. 35. **Aubade** (Morgenständchen) . . 1.—
— Op. 35. **Schelmenstreiche** . . . . . . 1.—
— Op. 35. **Die Jagd zum Sieg** Bravour-Galopp 1.—
— Op. 40. **Columbus-Festmarsch** . . . . 1.—

Nagel, J., Der kleine Liszt. Bd. I. 77 Unterhaltungsstücke f. Anfänger 2.—, in Prachtband 3.—
Bd. II. 63 Unterhaltungsstücke für die Fortgeschrittenen 2.—, in Prachtband 3.—

Reinecke, Carl, Op. 200, Träumerisch . . . 1.—
— Der Gouverneur von Tours. Komische Oper. Vollständiger Klavier-Auszug . . . . 6.—
— in elegantem Einband . . . . 8.—
Ouverture 1.50
Vorspiel zum 2. Akt . 1.20 Quadrille à la cour 1.—
Potpourri No. I. II à 3.— Walzer 1.20
Ballet-Einlage: . . . .— Menuett 80
Polonaise . . . . . 1.20 Galopp 60

Reinecke, Carl, Op. 184, Auf hohen Befehl. Komische Oper.
Polonaise en Pastorale 1.50 Festlicher Marsch 1.—
. . . . in Krönungston durch alle Land . . 1.—
. . . . Casoun Kom. . . .— Festlicher Einzug 1.—
. . . . Marsch und Ballet-
bierge Aus . . . . . 1.50 musik 1.50

Reinecke, Carl, Op. 202. Von der Wiege bis zum Grabe. Ein Cyclus von 16 Fantasiestücken für Klavier zu 2 Händen.

Inhalt:
1. Kinderstäuner . . . 1.— 9. Des Hauses Weihe 1.—
2. Spiel und Tanz . . 1.— 10. Stilles Glück . . .80
3. In Grossmutterstuben . .— 11. Trübe Tage 60
   Stübchen . . . . . 1.— 12. Trost 60
4. Rüstiges Schaffen . 1.— 13. Siebenzigjahresmarsch .80
5. In der Kirche . . . .— 14. Im Silberkranze . .80
6. Hinaus in die . . . . . 15. Abendsonne 80
   Welt . . . . .80 16. Ad astra 80
7. „Schöne Maienzeit, weide Liebe Preis komplett 2 Hefte
   wacht!" . . . . . .— Eleg. geb. in 1 Bde. 3.—
8. Hochzeitszug . . . . —
   Verbindender Text gratis.

Reinecke, Carl, Op. 206, Musikalischer Kindergarten.
1. Die ersten Vorspielstücken . . . . 2.—
2. Lieblingsmelodien . . . . 2.—
3. Kinderlieder-Album, 18 neue Kinderlieder 2.—
4. Stimmen der Völker, Nationallied. u.Tänze Teil I 2.—
5. Musikalische Märchen . . . . 2.—
6. Was alles die Töne erzählen. Vortrags-Etüden 2.—
7. Kinderausskennbar. Leichtere Tanzweisen. Teil I 2.—
8. Violinstimme dazu . . . . jedes Heft 1.—
   Band 1—6 in einem eleganten Einband . . 6.—
   „ 4—6 . . . . 6.—
   „ 7—9 . . . . 6.—

Rubinstein, Der kleine, 70 leichte Klavierstücke für junge Klavierspieler von Ferd. Friedrich 2.— Dasselbe in Prachtband 3.—

Schäfer, A., Op. 19, Silhouetten . . 2 Hefte à 1.—

Schäfer, A., Op. 20, Klavierpoesien.
No. 1. Melodie . . . . . .— 4. Schumm . . . .—
„   2. Mazurka . . . . 1.50 5. Valse Intermezzo 1.—
„   3. Chanson . . . . .— 6. Chanson triste 1.50
    Alle 6 Nummern komplett in 1 Heft . . . 3.—

Sebbemünther, G., Op. 30, Die allerersten Vorspielstückchen im Umfange von 6 Tönen.
No. 1. Liedchen ohne . . .— 4. Wiegenliedchen . . .60
      Worte . . . .— 5. Lieblingspolka . . .60
„   2. Schmetterling . . .60 6. Die Wacht nicht . . .—
„   3. Derentzwalzer . . . .— auf . . . . —
         Alle 6 Nummern in 1 Heft . . . . . 2.—

Sebek, Gabriel, Op. 26, Potpourri über Bulgarische Volkslieder . . . . 1.—

Tänze und Märsche.

Eilenberg, Rich., Op. 119, No. 1. Im Galopp durch Feld und Wald 1.20

Fliege, Herm., Op. 269, Im Arm der Liebe, Walzer 1.60

Förster, Rud., Op. 386, Ach da mein herzig Kind, Walzer 1.50
— Op. „Lust-Recept", Polka
   de. (mit Gesang) 1.50

Gerchen, Jul., Op. 29, Strauss Sehnsmusik. Walzer 1.50

Hauschull, Neues Tanz-Album. Enthaltend 15 beliebte Tänze von H. Fliege, B. Förster, Aug. Heide, Keyll, Kletzer, Oppel, Carl Reinecke u. A. 1.50

Kapry, J., Zigeunerwalzer: Trinke, liebe, scherze 1.—

Meyll, H. F., Op. 22, Elektrische Schnellpolka .75
— Op. 54. Gavrochen-Walzer 1.50
— Op. 60. Nach mir keine Wippchen vor, Polka 1.50
— Op. 64. Der Kurfürstin, Walzer 1.50
— Op. 66. Jubelwalzer. Dichtung von Ed. Bormann 1.50
— Op. 71. Die Böhmische, Marsch 75
— Op. 74. Leipziger Lerchen, Walzer . . . 1.50
— Op. 75. Hoch die Frauen, Walzer 1.50

Kletzer, Robert, Op. 60, Konfervas-Quadrille über Nationalmelodien der 4 Grossmächte.
1. England; 2. Russland; 3. Frankreich; 4. Italien;
   5. Oesterreich-Ungarn; 6. Deutschland . . 1.50

Müller-Berghaus, Karl, Op. 39, Fanaro-Polka 1.—
V. Oppel, A., Persia-Walzer 1.50
Pressau, Rob., Mollka-Marsch . . . . —

Reinhold, H., Op. 26. Häuschen und Gretchens ersten Maskenball. Album von 6 leichten Tänzen für unsere Kleinen.

No. 1. Entrée-Marsch. Blumenmädchen, Walzer .75
„   2. Hirt und Hirtin. Quadrille 1.50
„   3. Prinz von Arkadien. Polka-Mazurka .50
„   4. Bauernfest. Polka 50
„   5. Pole und Polin. Mazurka 50
„   6. Kellerrs, Galopp 50
         Billige Ausgabe komplett . . . . . 1.—

Reinecke, Carl, Der Gouverneur von Tours. Ballet-Einlage
Polonaise . . . . 1.20 Walzer . . . . . . 1.—
Ländler . . . .— Menuett 80
Quadrille à la cour 1.— Galopp 60

Virén, Mich., Op. 56, Auf der Dorwach, Walzer 1.50
Winterling, W., Op. 2, Die Kameraer Waldparade, Capellmarsch mit 7 humoristischen Vorwort 1.50

Klavier 4 händig.

Brüll, Ignaz, Ouverture a. d. Oper „Schach dem König" . . . . 2.—
— Vorspiel zum 2. Akt 1.20
Eilenberg, Rich., Op. 119, Neue beliebte Salonstücke.
No. 1. Im Galopp durch Feld und Wald . . . 1.50
„ 2. Die Nachtigall und die Frösche . . . 1.50
„ 3. Ein Waldkonzert 1.50
„ 4. Musikiervede Zigeuner 1.50
„ 5. Mückentanz 1.50
„ 6. Schmiedelied 1.50
„ 7. Ein Tänzchen auf grünen Wiese . . . 1.80

Ellenberg-Album. Vorspielende 7 böhmische und beliebte Salonstücke in 1 Heft . . . . 6.—
— do. in elegantem Einband . . . . 7.—

Heidrich, Max, Op. 38, Lindler v. Stur. d'Agenor 2.50
Kapry, J., Op. 45, Danses Orientales. Heft 1, 2 à 2.—
Lwoff, A., Russische Nationalhymne 50
Müller-Berghaus, Karl, Op. 39, Die Jagd nach dem Glück. Bravour-Galopp . . . . . 2.—
— Op. 40, Columbus-Festmarsch 2.50

Reinecke, Carl, Der Gouverneur von Tours. Komische Oper.
Ouverture . . . . . 3.— Ländler 1.20
Vorspiel zum 2. Akt 1.80 Quadrille à la cour .—
Potpourri No. I. II à 3.— Walzer 1.20
Ballet-Einlage: . . . .— Menuett 80
Polonaise . . . . . 1.20 Galopp 60

Reinecke, Carl, Op. 184, Auf hohen Befehl. Komische Oper.
Ouverture . . . . . 3.— Festlicher Marsch . —
Vorspiel zum 2 Akt .—
Ballet-musik . . . .—

Reinecke, Carl, Op. 200, Trauermarsch auf den Tod Kaisers Wilhelm I. 1.50
— Op. 202, Von der Wiege bis zum Grabe. Ein Cyclus von 16 Fantasiestücken für Klavier zu 4 Händen.
No. 1. Kinderstäuner . . . 1.50 9. Des Hauses Weihe 1.50
„ 2. Spiel und Tanz . . 1.80 10. Stilles Glück . . 1.—
„ 3. In Grossmutter . . . — 11. Trübe Tage . . . 1.—
   stübchen . . . . 1.20 12. Trost . . . . . 1.—
„ 4. Rüstiges Schaffen . 1.50 13. Geburtstagsmarsch 1.—
„ 5. In der Kirche . . . .— 14. Im Silberkranze . .—
„ 6. Hinaus in die Welt . 1.30 15. Abendsonne . . . 1.—
„ 7. „Schöne Maienzeit, . .— 16. Ad astra . . . . .—
   weide Liebe wacht!" . .— Preis komplett 2 Hefte à .—
„ 8. Hochzeitszug . . . . . Elegant geb. in 1 Bande 8.—
— Op. 206, Musikalischer Kindergarten.
1. Die ersten Vorspielstückchen . . . .—
2. Lieblingsmelodien . . 3.— 15 neueleichte Kinderlieder .—
3. Kinderlieder-Album. 18 neueleichte Kinderlieder .—
4. Stimmen der Völker, Nationallied. u. Tänze. Teil I .—
5. Musikalische Märchen . . . . 3.—
6. Was alles die Töne erzählen. Vortrags-Etüden 3.—
7. Kindermassenball. Leichtere Tanzweisen. Teil I .—
8. Violinstimme dazu . . . . jedes Heft 1.75
   Band 1—6 in einem eleganten Einband . . 8.—
   „ 4—6 . . . . 2.—
   „ 7—9 . . . . 2.—

Reinecke, Carl, Pastoral-Sonatina . . . . 3.—

Für 2 Klaviere.

Reinecke, Carl, Gavotte und Pastorale aus der komischen Oper „Auf hohen Befehl". (Zur Aufführung gehören 2 Exemplare.) . . . . . 4.—

***Klavierschule** von **Louis Köhler**, Op. 314 ist die beste und gründlichste Methode, zugleich „Für Klavier-Pädagogen höchst interessant." Carl Reinecke. 3 Teile gebunden à M. 2.—, komplett in 1 Band M. 4.—*

Verlag von Jul. Heinr. Zimmermann in Leipzig, St. Petersburg, Moskau.